Iᵉʳ PRAIRIAL

AN III,

SCÈNE HISTORIQUE

DE LA

CONVENTION NATIONALE;

NOTICE SUR CETTE ÉPOQUE MÉMORABLE DE LA RÉVOLUTION FRANÇAISE,
SUIVIE DE NOTES HISTORIQUES ;

POUR SERVIR A L'INTELLIGENCE DE LA GRAVURE CI-JOINTE, ET FAITE
PAR REVEIL, D'APRÈS

Le Tableau de M. COURT.

———

PRIX AVEC LA GRAVURE : **1** FR.

A LYON,

CHEZ TOUS LES MARCHANDS DE NOUVEAUTÉS.

1834.

LISTE

INDIQUANT LES PRINCIPAUX PERSONNAGES DU TABLEAU.

Les numéros d'ordre qui précèdent les noms propres sont régulièrement indiqués dans la gravure ; ils commencent par la gauche. Tous les numéros qui sont entre parenthèses renvoient aux notes.

1 CLAUZEL (Jean-Baptiste) , député de l'Arriège , mort en 1804 (45).

2 BOURDON (François-Louis) , député de l'Oise, déporté à Cayenne, et mort à Sinamary : il était né à Remy , près Compiègne.

3 MERLIN (Philippe-Antoine , comte), député de Douay, né le 30 octobre 1754 , à Arleux, près Douay.

4 TALLIEN (Jean-Lambert) , député de Paris , né à Paris.

5 CHÉNIER (Marie-Joseph de) , député de Seine-et-Oise), né à Constantinople le 28 août 1764 (35).

6 BOURBOTTE , député de l'Yonne, *conjuré*, né à Vaux , près Avalon, guillotiné le 26 juin 1795 (26,30,33,34).

7 SOUBRANY, député à la Convention, *conjuré*, guillotiné le 26 juin 1795 (26,30,33,34).

8 GERMAIN , élève et partisan de Romme (36).

9 LA MÈRE CÉSAR , qui se distingua en 1793 par ses cruautés. Sa fille était une des maîtresses de Delorme , le nègre.

10 BINEL , marchand de vin du faubourg St-Antoine , enragé terroriste (37).

11 UN SANS-CULOTTE.

12 DUSSAULX (Jean) , député, né à Chartres le 28 décembre 1728 , mort à Paris le 16 mars 1799 (38).

13 UN GARDE NATIONAL.

14 LESUEUR , charron du faubourg Saint-Antoine , ami et complice de Renaud.

15 RENAUD , serrurier, faubourg Saint-Antoine, assassin de Féraud (15,20).

16 BRUTUS (le buste de) , placé au pied de la tribune.

17 ROMME (Gilbert) , député , *conjuré* , né à Riom en 1750 (30,33,39).

18 LA BELAIR , une des meneuses (1).

19 DELORME , nègre, capitaine des canonniers du quartier Popincourt (15,32).

20 ALLAIGRE , dit le Bourguignon , complice de Renaud (40).

21 VERNIER (Comte Théodore). député d'Aval en Franche-Comté , mort en 1818 (41).

22 GEORGET, dit Brutus-l'égorgeur , complice de Renaud.

23 ROSE , la mère de la jolie Rose , qui a été la maîtresse de Saint-Just.

23b LEGENDRE (Louis), député de Paris, né à Paris en 1756 , mort à Paris le 13 décembre 1797 (44).

24 UN ROYALISTE , instigateur et chef de meneurs.

25 MARET , surnommé le Sauvage , fort de la halle , et amant de Jeanne d'Arc.

26 DUQUESNOY, député du Pas-de-Calais, ancien moine, *conjuré*, né à Bouvigny-Boyeffles en 1748. Il se tua le 26 juin 1795 (30,33,34).

27 BARRS , envoyé de la Pologne.

28 REYBATZ, représentant de la république de Genève.

29 SANDOZ-ROLLIN (Baron de), ambassadeur de Prusse.

30 MEHEMED ALI EFFENDI , représentant de la sublime Porte.
31 JAMES MONROE , ministre plénipotentiaire des Etats-Unis d'Amérique.
32 STAEL (Baron de) . ambassadeur de Suède.
32*b* DEL CAMPO (Marquis) , ambassadeur d'Espagne.
33 LA TÊTE DU DÉPUTÉ FÉRAUD (13,14).
34 MARIE L'ABBÉ , surnommée JEANNE D'ARC , l'une des meneuses (19).
35 GOUJON (J. N. C. R.) , député de Seine-et-Oise , *chef des conjurés ;* il naquit en 1766 ,
      à Bourg en Bresse ; il mourut d'un coup de stylet dont il se frappa le 26 juin 1795
      (26.30,33,34).
36 DUROY , député de l'Eure , *l'un des conjurés* , guillotiné le 26 juin 1795 (29,30,33,34).
37 UN HOMME DU PEUPLE , qui veut faire signer à Boissy la constitution de 1793.
38 ROYALISTE DÉGUISÉ , parlant à Boissy (18).
39 BOISSY-D'ANGLAS (FRANÇOIS-ANTOINE) , député de l'Ardèche , président de la Con-
      vention , né à Annonay , département de l'Ardèche , le 8 novembre 1756. Mort en
      1826 (16,17,18,19).
40 DUMONT (ANDRÉ) , député de la Somme , né le 24 mai 1764 (42).
41 UN CHEF DE MENEURS , renommé par sa méchanceté et son sang froid.
42 DUBOIS DE CRANCÉ (EDMOND-LOUIS-ALEXIS) . député du bailliage de Vitry , né à
      Charleville en 1747 , mort à Rétel le 28 juin 1814.
43 UN CHEF DE MENEURS.
44 HOCHE , général au service de la république.
45 UN CHEF DE MENEURS.
46 UN GROUPE DE FEMMES payées et dirigées par Jeanne d'Arc.
47 SAINT-MARTIN , député de l'Ardèche , secrétaire de la Convention.
48 FOURCROY (ANTOINE-FRANÇOIS , comte) . député de Paris.
49 UNE DES MENEUSES.
50 UN CHEF DE MENEURS.
51 LA TERWAGNE , femme du peuple , chef des meneuses (4).
52 UN MALIN DE LA RAPÉE (16).
53 LA JOLIE ROSE , ancienne maîtresse de Saint-Just ; son enfant est appuyé sur le bras
      d'un malin de la Rapée (16).
54 RADI , tisserand , un des meneurs , complice de l'assassinat de Féraud (16).
55 SEVIN , garçon boucher (8,43).
56 GOUPILLON , Auvergnat et porteur d'eau (16,43).
57 KERVÉLÉGAN (AUGUSTIN-BERNARD-FRANÇOIS DE GOARRE de) , député du Finistère (43).
58 DEUX DES MENEURS , l'un est blessé par une banquette tombée sur sa jambe
      gauche.
59 UN GROUPE DE TRICOTEUSES.
60 TRIBUNE RÉSERVÉE , envahie par le peuple.
61 TRIBUNE DES DÉPUTÉS , aussi envahie.
62 TRIBUNE PUBLIQUE.

NOTICE HISTORIQUE. [*]

. . . . , ...
Le mois de floréal s'est passé tout entier dans une inaction profonde. Le désarmement des agens de la terreur, ordonné par la loi, s'effectuait avec mollesse dans quelques sections, et dans d'autres ne s'effectuait point du tout. Pouvait-on en effet espérer des sections une vigueur qui n'était pas dans la Convention nationale! Lorsque le 10 floréal, la section de Montreuil se déclara en permanence, lorsque le 11 au soir, dans celle du Bonnet de la Liberté, un rassemblement, favorisé par une copieuse distribution d'eau-de-vie, menaça la sûreté publique, l'on se contenta de mettre en arrestation les principaux coupables; aucun d'eux n'a paru devant les tribunaux. Cependant ces légères agitations n'étaient que le prélude d'une secousse terrible; comme l'épaississement de la nue qui couronne le Vésuve, accompagné de murmures souterrains, présageait aux Napolitains infortunés le déluge de feu qui devait les assaillir, et l'ouverture du gouffre déjà tout prêt à les engloutir au milieu des débris fumans de leurs toits écroulés.

Il était aisé de prévoir que les ennemis du peuple tenteraient un nouvel effort. Les conjonctures les favorisaient; la pénurie ne cessait point; les privations semblaient de jour en jour plus insupportables aux êtres égarés, persuadés par les agitateurs, que le défaut des subsistances provenait uniquement de l'impéritie ou de la malveillance du sénat (1).

La dépréciation rapidement croissantes des assignats augmentait le malaise universel. La majorité souffrante accusait sans examen la minorité de cet effet inévitable de la nature des choses, et s'elevait surtout contre les autorités trop lentes à punir ces crimes imaginaires, et à rassasier de sang cette sévérité sombre, naturelle à l'homme faible, aigri par une longue douleur.

La nouvelle organisation de la garde nationale s'opérait avec une lenteur qui pouvait en démontrer le vice et l'insuffisance, et ne permettait pas d'en attendre de sitôt aucun avantage réel. Les troupes appelées à Paris étaient en trop petit nombre pour comprimer efficacement un mouvement un peu considérable; on se servait même de leur arrivée pour égarer les esprits par des bruits calomnieux, tandis que d'une autre part, on mettait tout en œuvre pour corrompre ces militaires braves, loyaux, mais susceptibles de séduction ou d'erreur, et pour les engager à s'unir aux factieux contre la Convention nationale.

Les propos que l'on entendait communément annonçaient une fermentation alarmante et chaque jour plus répandue. Enfin le 30 floréal, on devait, selon le bruit général, voir le jour même ou le lendemain éclore un mouvement terrible. La décadi se passa tranquillement; l'intérêt des conspirateurs était de préférer l'instant où la cessation des travaux a rendu la classe des manouvriers plus susceptible d'impressions étrangères; où les sens, déjà échauffés par l'espèce de débauche inséparable du jour de repos, sont surpris plus facilement par l'ivresse.

Le premier prairial, le rappel, battu dès le matin dans plusieurs sections, alarme les faibles, et invite les séditieux à se rassembler sans délai, pour gagner de vitesse ceux qui doivent les contenir. Le Parisien, fatigué par des émeutes trop fréquentes, ne peut plus se mouvoir qu'au bruit pressant de la générale (2).

On l'entend vers le milieu du jour; et aussitôt le comité de salut public communique à la Convention nationale un plan de conjuration (voir plus loin le compte-rendu de la séance extrait du Journal des débats de la Convention), espèce de manifeste que les rebelles avaient eu la hardiesse de faire imprimer, et que déjà ils distribuaient dans les rues, à tous les individus susceptibles d'être égarés par cette pièce grossièrement insidieuse.

(*) Extrait d'une brochure publiée à Paris, en l'an III de la république, par la veuve Gorsas, libraire-imprimeur, et intitulée : *les Premiers Jours de Prairial*, par l'auteur des *Journées des 12 et 13 Germinal*. Les notes qui se trouvent à la fin sont du plus haut intérêt.

Plusieurs faits sont allégués pour prouver l'intention perfide des chefs des attroupemens. Sur une nouvelle invitation des comités, qui assurent que le rassemblement s'annonce d'une manière alarmante, la Convention décrète que quiconque ne se rendra point à sa section, au son de la générale, sera responsable des événemens, et traité comme tel, et que tous les chefs d'attroupemens seront mis hors la loi. La première disposition était rendue nulle par la difficulté de son exécution (3); la seconde eût été capable d'imposer, si l'inexécution habituelle des lois de ce genre n'eût dès long-temps accoutumé la multitude à les regarder comme purement comminatoires.

Une proclamation au peuple est ensuite décrétée, et la direction de la force armée confiée à plusieurs représentans.

Cependant un rassemblement de femmes, ou plutôt de furies, a couvert la place du Carrousel et la cour du Palais national. C'est du pain qu'elles demandent à grands cris ; mais leurs yeux hagards, leurs féroces propos, expriment la soif la plus ardente du sang humain. Terwagne, Belair et Rose sont à leur tête.

Il s'en répand un détachement nombreux dans les tribunes de la Convention. Leurs vociférations outrageuses et menaçantes troublent le sénat. Le président ordonne que les tribunes séditieuses soient évacuées ; la force armée fait exécuter cet ordre (4). Le calme semble renaître quelques instans.

Mais depuis long-temps des coups redoublés se font entendre : les portes du sénat sont enfin brisées et forcées par les rebelles. Féraud, revenu depuis deux décades de l'armée de la Moselle, Féraud, qui dans le nord et le midi avait signalé son courage, et guidé à la victoire les étendards républicains, le jeune et estimable représentant Féraud, que la France devait bientôt pleurer, vole au devant de ces furieux, les exhorte, les prie, les conjure à genoux de respecter le sénat, de ne point perdre la république. Ils ne l'écoutent pas. De son corps couché par terre, il veut faire une digue à leurs attentats ; ils le foulent aux pieds. Ses collègues le relèvent, meurtri, éperdu de douleur.

Les séditieux se répandent dans l'enceinte de la Convention. La garde, formée en ligne devant les représentans, les force à reculer. Ils reviennent aussitôt à la charge avec plus de fureur. Auguis et Féraud, à la tête d'une troupe nombreuse, repoussent de toutes parts les agens du crime. On les poursuit : on arrête, on conduit dans le sein de l'Assemblée plusieurs de leurs chefs. L'un d'eux avait ses poches pleines de pain ; et cet attroupement venait, disait-on, entraîné par l'excès du besoin, réclamer des subsistances.

Autour de la Convention, le rassemblement devenait sans cesse plus violent et plus nombreux. On remarquait, au milieu des femmes, des hommes portant, écrits sur leurs chapeaux, ces mots, qui étaient le signe de ralliement : *Du pain, et la constitution de* 1793 (31). Ces hommes étaient les *meneurs* ; et les femmes, leurs dociles instrumens, essayaient de désarmer ou d'entraîner le bataillon des Piques, placé devant la Convention. Elles barraient le chemin à celui du Mont-Blanc, qui entrait en ce moment dans la cour. (5. 6.) Il est obligé de revenir sur ses pas, au milieu des injures, des menaces et même des violences ; puisque le commandant reçut plusieurs coups de ces cannibales, avides d'engager un massacre général. En même temps, le député Doulcet, envoyé pour lire la proclamation, est renversé de cheval, accablé de coups ; il n'a dû peut-être son salut qu'au mouvement rétrograde du bataillon du Mont-Blanc, dont un citoyen eut même le courage d'arrêter, et de jetter dans les rangs, de conduire au comité de sûreté générale, un des scélérats qui assassinaient le représentant (7).

L'acte de vigueur exercé dans la Convention était peint par les rebelles, avec les plus horribles couleurs. A les en croire, les députés massacraient les femmes : on en avait vu plusieurs de tuées ; d'autres avaient les poignets coupés. (8). Cette calomnie infâme échauffait les esprits crédules, glaçait d'effroi les pusillanimes, et comprimait l'indignation qu'inspirait aux hommes énergiques l'attentat des révoltés.

Les bataillons sectionnaires arrivaient autour de la Convention ; mais leurs rangs étaient peu nombreux. L'esprit de plusieurs d'entre eux était au moins très-suspect. Les mieux composés contenaient une foule d'hommes timides, et bien d'autres plus dangereux encore, unis d'intention aux séditieux, reconnaissables aux signes de ralliement et à l'atrocité de leurs propos (9).

L'excès du mal venait surtout du défaut d'ordre militaire. Le représentant Delmas était chargé de diriger en chef la force armée ; le général Fox devait la commander sous lui. Mais ces nominations tardives ne pouvaient remédier à une confusion que les comités auraient dû prévoir long-temps d'avance. Les bataillons les plus sûrs laissés inactifs dans les postes éloignés du péril ; ceux qui partageaient l'esprit des séditieux prenant au contraire leur place {autour de la Convention , et mettant d'abord en batterie leurs canons braqués contre elle ; les gendarmes se montrant dignes en cette occasion d'avoir été si long-temps *les sbires de Robespière et de la guillotine* ; la cavalerie même cédant au torrent ; plusieurs cavaliers descendant de cheval, et disant: « qu'ils voulaient combattre l'ennemi » sur la frontière , et non tirer sur le peuple (10) ; à ce propos accueilli par les cris de joie des séditieux et leurs applaudissemens ; le bruit funèbre du tocsin , qui, dans l'état des choses, annonçait vraiment une nouvelle Saint-Barthelemi (11) ; voilà ce dont nous avons tous été les témoins ; tandis que nous frémissions de rage de nous sentir paralysés alors qu'on assassinait la patrie, des hommes confians , tout près d'être submergés par la tempête , se flattaient encore de la voir s'apaiser d'elle-même , et s'évanouir (12).

Insensés ! ils touchaient à l'heure d'un réveil terrible. Elle sonne , cette heure d'opprobre et de deuil, elle sonne au milieu de l'éclatant cliquetis des sabres qui s'entrecroisent, des piques et bayonettes qui s'entrechoquent , au milieu des cris féroces des rebelles , des hurlemens de leurs mégères , des roulemens répétés des coups de feu tirés sur la Convention. Les rebelles, plus nombreux cette fois et mieux dirigés , ont enfin l'avantage : la garde , victorieusement repoussée , se dissipe devant eux ; ils ont déjà encombré les tribunes ; leurs multitude inonde la salle ; ils surchargent d'hommes armés et la tribune et le bureau , et la barre et les siéges des législateurs. Leur règne commence par deux assassinats.

Un citoyen arrache un chapeau souillé du signe de ralliement : aussitôt un coup de feu le renverse aux pieds du bureau. Féraud (13), qui s'élançait en ce moment au-devant des fusils dirigés sur le président , veut prendre la défense de cet infortuné ; il est frappé lui-même ; il tombe sur les marches de la tribune. On le traîne par les cheveux dans un couloir (14) où l'on achève de le massacrer ; Renaud (15) , son principal assassin , coupe la tête de Féraud , la met au bout d'une pique , et , entouré de ces complices, il la promène dans la salle , et s'arrête devant le bureau : pendant quelques instans mêmes , aux ris et aux applaudissemens long-temps prolongés d'une multitude sanguinaire ; on la place sous les yeux du président.

Boissy d'Anglas occupait le fauteuil. La tête couverte, l'œil tranquille , dans l'attitude du calme le plus intrépide, Boissy voyait mille assassins autour de lui , était en butte à leurs imprécations, à leurs fureurs ; et plus grand que les efforts du crime , il imposait aux scélérats , confondus de ne pouvoir porter le trouble dans le cœur d'un homme juste (16). La république semblait anéantie , les patriotes se voyaient dispersés , comprimés , paralysés ; les autorités sans force ; les comités de gouvernement méconnus, proscrits ; la Convention dissoute , ensanglantée : un homme à son poste conservait la dignité de la France. La majesté de la république se reposait tout entière sur Boissy d'Anglas.

Le spectacle de mort offert à ses regards, et dont on se plaît à le rassasier pour lui présager un sort pareil , lui fait détourner les yeux avec un mouvement d'horreur et de douleur où ne se mêle aucun effroi (17). Tant de courage intéresse ceux qui l'entourent. Sans s'en apercevoir , les furieux qui l'avaient environé d'abord, pour le subjuguer ou le massacrer, forment autour de lui un rempart contre les assassins qui circulaient dans la salle (18), et dont plusieurs se fussent bientôt empressés de punir sa vertu (19), et le refus constant qu'il allait prononcer de signer rien , ou de condescendre en la moindre chose à la volonté des rebelles.

Pendant que le cadavre mutilé de Féraud reste en proie aux coups et aux outrages de ses meurtriers , et n'est dérobé enfin qu'à la lassitude de leur férocité, pendant que sa tête est promenée , de la salle dans la cour et le jardin (*), que plusieurs scélérats se disputent avec fureur la gloire de la porter, et que tous expriment le regret de ne pouvoir étaler ce trophée dans le faubourg Antoine , pendant que cet aspect glace d'effroi les mieux intentionnés , et remplit les malveillans d'une joie affreuse et des plus atroces espérances (20), une nouvelle troupe de rebelles entre dans la salle au pas de charge ; le chef commande le silence par des roulemens de tambour, et à la tribune, environné d'hommes armés , il lit le manifeste séditieux dénoncé le matin à la Convention.

(*) C'est le sujet du tableau admirable que M. Court a exposé au salon de 1833, et où il a déployé un si beau talent. Les vrais connaisseurs l'on jugé comme étant l'œuvre la plus remarquable du salon, ce qui nécessairement a dû l'exposer à la mauvaise humeur et à l'injustice des critiques jaloux et de l'esprit de parti. M. Court marche rapidement au premier rang de nos peintres modernes.

(Note de M. Lamotte-Langon.)

Si les révoltés avaient saisi ce moment, leur triomphe était assuré ; le courage de Boissy eût précipité sa mort. Un des traîtres, Romme, par exemple, eût pris le fauteuil (21), et mis aux voix toutes les propositions qui ont été faites depuis ; les factieux avaient la force en main pour en assurer la prompte exécution. Ainsi, avant le coucher du soleil, c'en était fait de la Convention, de Paris et de la France entière.

Tel était même, on peut le croire, le vœu des agens subalternes. Les séditieux, parlant tour-à-tour dans le bruit, émettaient toutes les propositions qu'ils ont fait décréter le soir, et y ajoutaient la demande *d'une municipalité*. Ceux qui entouraient Boissy lui présentaient sans cesse leur motion à signer. « Nous n'avons pas besoin de ton assem-» blée (22), lui disait-on : le peuple est ici ; tu es le président du peuple : signe, et le » décret sera bon... signe, ou je te tue. » — « La vie est peu de chose pour moi, répond » Boissy ; mais vous parlez de commettre un grand crime ; je suis représentant du peuple... » président de la Convention...; » et persistant dans sa résistance, il présentait à ces furieux sa tête inclinée sur le bureau. Ainsi, vertueux Cicéron ! ainsi les satellites des triumvirs, entourant ta litière désarmée, te virent avancer froidement ta tête auguste, et l'offrir toi-même au glaive meurtrier de l'exécrable Popilius.

Mais, soit que les chefs du crime aient manqué d'audace ou de présence d'esprit ; soit que le courage de Boissy ait déconcerté leur plan, et entravé leurs mesures ; soit que le tumulte leur ait paru trop grand pour pouvoir établir une délibération (23), soit enfin qu'ils aient espéré de voir leurs attentats mieux colorés dans la Convention moins incom-plète, par le retour forcé des députés qui presque tous avaient fui de ce lieu d'horreur (24) ; ce n'est qu'après neuf heures du soir, que Romme a demandé que l'on délibérât en levant les chapeaux. Aussitôt se sont succédé rapidement les propositions de la mise en liberté des incarcérés depuis le 9 thermidor, et surtout des députés arrêtés les 12 et 13 germinal, en y comprenant les trois déportés ; de visites domiciliaires, sous prétexte de chercher des subsistances ; de la permanence des sections, de la clôture des barrières, de la destitution de tous les fonctionnaires détenus avant le 9 thermidor, de la suspension des comités de gouvernement, etc. Les rebelles dictaient, par leurs murmures ou leurs applaudissemens (25), les résolutions que l'on devait adopter ; et les chapeaux se levaient, avant que le président eût mis les motions aux voix.

Le républicanisme et la vertu n'avaient point quitté le fauteuil. Vernier, vénérable par ses cheveux blancs, ornement d'une vieillesse irréprochable, par ses longs travaux dans l'Assemblée constituante et dans la Convention, par la haine et les persécutions de la tyrannie, Vernier avait réclamé le droit de remplacer Boissy, à ce poste terrible qui était spécialement le sien ; et l'avait obtenu après des instances réitérées. Il y avait apporté le même dévoûment, la même tranquillité. De concert avec les comités de gouvernement, s'il paraissait seconder la délibération des factieux, il ne tendait qu'à gagner du temps, à empêcher des violences qui eussent prévenu ces mesures salutaires, que la nuit seule pou-vait rendre efficaces. Mais quand les rebelles, encouragés par sa condescendance, vien-nent le sommer de revêtir de sa signature leurs prétendus décrets, un refus inflexible et froid leur rappelle qu'ils parlent à un républicain, et non à un esclave. Ils tentent cepen-dant de l'intimider ; vingt fois le glaive assassin le menace ; on lui ordonne de signer : « Tout » ce que l'on fait ici, dit-il, est de nul effet, parce que la Convention n'est point libre ; » je ne validerai point par ma signature. » — « Il faut signer ou mourir ! » — Vernier, pour unique réponse, dénoue sa cravate, la met sur le bureau, et présente son cou nu au fer des scélérats.

Cependant les comités de gouvernement étaient assemblés, les rebelles, par une faute incalculable, n'ayant point songé à les dissoudre et à s'emparer de leurs papiers. On y avait unanimement arrêté de ne reconnaître aucun acte émané de la Convention, tant qu'elle ne serait pas libre ; mais avant de consommer les mesures qui devaient mettre un terme à l'oppression, jaloux d'épargner le sang que pouvait faire répandre cette lutte ter-rible de la liberté contre l'anarchie, les comités tentent un dernier moyen de pacification. Legendre vient en leur nom inviter les représentans à rester à leur poste, et les bons citoyens à se retirer, afin que la Convention puisse délibérer. Des cris affreux de la salle et des tribunes interrompent Legendre, et, malgré les efforts du président, qui cherche à lui maintenir la parole, le contraignent à se retirer.

C'en était donc fait ; la force seule devait décider. Les rebelles sentent, mais trop tard, l'importance des occasions qu'ils ont laissé échapper. Ils ordonnent la suspension des comités, l'arrestation des membres qui les composent, l'apposition des scellés sur leurs papiers (26). Une voix ose réclamer *l'ordre du jour....* Qui que tu sois, homme intrépide, que pouvait conduire à la mort ce vote courageux, inutile au salut public, mais précieux pour ta conscience, si les rebelles ne t'ont point entendu, ou s'ils ont dédaigné de t'en punir, sache que ta voix a frappé l'oreille, a été jusqu'au cœur d'un patriote, et jouis d'un témoignage honorable qu'il s'estime heureux de pouvoir te rendre ici !

Quatre membres sont nommés pour exécuter ces ordres liberticides. Duquesnoy, Bourbotte, Duroy et Prieur (de la Marne), tous proconsuls dévastateurs dans le Nord, aux bords du Rhin, à Brest, dans la Vendée, sont jugés les plus dignes de ce ministère infâme. Ils l'acceptent avec joie, et jurent de le remplir, ou de périr.

Mais le moment de leur toute-puissance était passé. La fin du jour avait rappelé dans leurs foyers tous les hommes entraînés par la crainte, et un grand nombre d'autres, trop peu éclairés pour ne point croire leur triomphe complet. Les sections, qui n'étaient arrêtées par aucun ordre, avaient défilé successivement, ou comptaient à peine dans leurs rangs un quart de ceux qui les composaient le matin (27); la salle même de la Convention était moins remplie, et les factieux moins animés; l'ivresse s'était dissipée, et avait fait place à l'excès de la fatigue.

La soif du sang et du crime subsistait seule avec toute sa violence, surtout dans le cœur des chefs. L'arrestation des comités n'était qu'un prélude du coup qu'ils méditaient. A minuit, ils allaient mettre *hors la loi* (28) tout ce qui n'était pas reconnu de la Crête. Onze heures et demie étaient sonnées depuis quelques minutes.

Les quatre commissaires sont arrêtés dans le salon de la Liberté, par le bataillon Lepelletier, à la tête duquel est Raffet. Prieur demande à celui-ci par quel ordre il avance. Raffet, refusant de lui en rendre compte : *A moi, sans-culottes !* s'écrie Prieur. Les commissaires, forcés de rentrer dans la salle, y voient fondre sur leurs pas une troupe, trop peu nombreuse encore. Dans ce premier choc, elle est repoussée par les soldats de la tyrannie. Kervélégan, qui la commande, reçoit à l'épaule une blessure profonde.

Il ne s'en est pas aperçu; et tandis que Peyssard, Edouard et Bourbotte poussent des cris de victoire (29), il revient à la charge : Legendre et plusieurs de ses collègues l'accompagnent, suivi d'un gros de patriotes, soutenus par de nombreux détachemens des sections fidèles. Le combat dure à peine un moment : les pâles satellites du crime fuient de toutes parts, et disparaissent. L'enceinte du sénat et les tribunes sont purgées de ces monstres. La Convention recouvre toute sa liberté, les députés reprennent leurs places; la délibération recommence dans un calme imposant.

Le décret d'arrestation est prononcé contre quatorze députés, convaincus d'avoir pris la part la plus active à la sédition (30). Un décret est rendu pour améliorer la distribution des subsistances. La Convention se sépare, persuadée que la sagesse des comités de gouvernement maintiendra la paix et la sûreté publique, et ne laissera point remettre en question ce que viennent de décider ces momens terribles, si courts, si mémorables.

NOTES.

(1)

Dans la première décade de floréal, on a vu plusieurs fois des femmes quitter la porte des boulangers pour se porter, *en masse*, à la Convention, aux agences, aux comités de section. Il est à propos que nos frères des départemens sachent comment se forment les rassemblemens de ce genre.

Six coquines salariées, autant de femmes enivrées préalablement pour cette expédition, douze ou quinze autres que les premières ont trompées par des bruits mensongers, ou exaltées par des plaintes insidieuses, appuient de concert le projet mis en avant par une motionnaire soudoyée. Aussitôt elles forcent toutes les femmes qui sont avec elles, *à la queue*, et toutes celles qu'elles rencontrent, de grossir leur troupe..... Cette violence seule doit être considérée comme un véritable assassinat. De plus, l'intention séditieuse est assez claire. Chacun sent que l'intérêt de leur propre conservation prescrit aux membres de la Convention, et à tous les agens des subsistances, de faire distribuer le plus de pain possible. On ne peut donc sérieusement leur en demander davantage, et, en se couvrant de ce prétexte, l'on n'a d'autre dessein que d'exciter du trouble.

On n'a point réprimé ces excès, et mille autres aussi coupables, que l'on a feint d'ignorer. Cependant il eût suffi d'exécuter les dispositions de la loi du premier germinal. Un seul exemple de fermeté eût assuré la paix publique.

Ces scènes ne se sont pas renouvelées depuis le premier prairial. Egalement, on ne voit plus d'hommes ni de femmes tomber d'inanition dans les places publiques. Ces comédies, fréquemment représentées en floréal, étaient l'artifice le plus lucratif des agitateurs, puisqu'il servait merveilleusement à égarer l'opinion par l'exaltation de la pitié, et qu'en même temps il valait aux acteurs des dons assez considérables ; mais, par malheur, une femme, après être ainsi tombée dans la rue du Théâtre-Français, et après avoir reçu abondamment du bouillon, du riz, de la viande, des assignats, et même du pain, est allée, un peu trop vite, renouveler sa défaillance dans la rue André-des-Arcs. Des personnes, qui venaient de la secourir, passant auprès d'elle, la reconnurent, la qualifièrent comme elle le méritait, et l'empêchèrent de trouver de nouvelles dupes. Ce fait, que je tiens d'un témoin oculaire, a gâté le métier. Cette femme se nommait La Belair : dans la journée du premier prairial elle était une des plus acharnées, avec la fameuse Terwagne, dont les débordemens et la rage étaient passés en proverbe ; elle était de la plus grande beauté.

(2)

Il est d'autant plus surprenant que le premier prairial on se soit contenté de faire d'abord un rappel, que dans le faubourg Antoine on avait battu la générale et sonné le tocsin dès cinq heures du matin. Dans plusieurs autres sections, les femmes s'étaient aussi emparées des caisses des tambours, pour se rappeler entre elles.

(3)

On avait voulu, dans quelques sections, sinon punir, du moins censurer les hommes insoucians qui, dans les jours de danger, avait dédaigné de partager le zèle de leurs frères ; les uns se promenant avec des femmes comme un jour de fête ; les autres se cachant pour attendre l'événement, et se ranger du parti le plus fort. Mais il y avait, dans ces assemblées, beaucoup de ces hommes et de leurs amis, en sorte que la chose n'a pas été plus loin qu'une simple proposition. Cette proposition a même été traitée, dans une séance, de *motion de terreur digne de Robespierre.*

Il faut avouer aussi que les chefs de postes n'ont pu tenir des listes bien exactes des citoyens présens ; et cette difficulté, prévue par les *indifférens*, leur a donné l'assurance d'échapper à la publicité ignominieuse de leur lâche inaction.

(4)

Les femmes, la Terwagne à leur tête, demandant sans cesse du pain, refusaient de laisser délibérer la Convention. Elles menaçaient ouvertement et le président et le représentant Férand, que son indignation énergique leur faisait remarquer. Il s'était même établi une sorte de colloque entre la Convention et ces tribunes ; ce colloque et les cris des femmes ont duré long-temps après le premier ordre donné pour leur expulsion. Ce n'est que presqu'à l'instant où les portes ont été forcées qu'elles se sont retirées.

On a observé que les membres de la Crête ont gardé constamment un silence profond dans les momens où le senat témoignait l'indignation la mieux fondée.

(5)

Deux hommes', en uniforme national, ayant au chapeau les mots de ralliement, insultaient deux députés revêtus de leur costume. Un citoyen du bataillon des Piques leur dit : « La paix ! mes amis, la paix ! » — « Ne vois-tu pas, lui répondent-ils avec l'accent « de la fureur, ne vois-tu pas que ce sont des députés ?..... »

Ce patriote, à qui tous ses camarades font des signes au même moment, est obligé de se taire, et depuis on lui a reproché *son imprudence.*

(6)

Les rebelles criaient, le premier prairial, aux citoyens des bataillons : « A bas les sabres ! à bas les bayonnettes ! » On en a vu d'assez lâches pour obéir.

Le 2, un poste nombreux barrait une rue, où la foule s'obstinait à vouloir pénétrer. Le bruit se répand que le faubourg Antoine va tenter de forcer cette issue. Trente soldats au moins s'éloignent, sous prétexte d'aller prendre leur repas, se confondent dans la foule, et disparaissent.

(7)

Henri Larivière, remplissant les mêmes fonctions que Doulcet, a éprouvé un sort pareil. Attaqué plusieurs fois dans les rues par les femmes, il a été renversé sur la place du Carrousel, frappé et traîné par les cheveux l'espace de plus de vingt pas. On lui a même porté plusieurs coups de sabre qui, heureusement, ne l'ont point blessé.

(8)

Un homme, nommé Sevin, garçon boucher, et qui joua dans l'enceinte de la Convention un rôle atroce, montrait ses mains horriblement ensanglantées. Ce sang était, disait-il, celui d'une femme à qui un député avait fendu le ventre d'un coup de sabre. « Tu es un scélérat, lui dit un citoyen en le saisissant au collet, je viens de te voir en- » sanglanter tes mains avec un foie de mouton. »

(9)

« Pour qui es-tu toi ? » demande à un citoyen celui qui était près de lui dans les rangs. — « Pour la république et la Convention. — Il ne s'agit pas de cela. Il s'agit de décider » entre *les mains douces* et *les mains rudes.* Il faut que tout cela finisse. »

(10)

Bien des personnes ont, ainsi que moi, entendu ce propos de la part de plus de douze cavaliers, qui ramenaient leurs chevaux par la bride, du Carrousel à la rue de l'Echelle.

(11)

On assure que le tocsin du pavillon de l'Unité est le même qui, du clocher de St-Germain-l'Auxerrois, donna le signal de la St-Barthélemi.

(12)

Un moment avant que les rebelles se rendissent maîtres de la Convention, un représentant, interrogé par un citoyen inquiet des dangers de la chose publique, lui dit de ne rien craindre, que le calme serait bientôt rétabli ; qu'il ne fallait que de la prudence.... C'est cette aveugle confiance des patriotes qui, mille fois, a pensé perdre la France.

On sait que Louvet, au même moment, appelait contre les séditieux, les hommes mêmes de la montagne : *Tous ensemble écrasons les séditieux,* s'écriait-il, *unissons-nous pour sauver la patrie.* Le rapprochement de ces circonstances lui a fourni un beau mouvement oratoire dans le discours prononcé à la fête funèbre célébrée en l'honneur de Féraud.

(13)

Féraud, député des Hautes-Pyrénées. L'avant-veille de ce jour, il était revenu de l'armée du Nord ; il était encore tout botté, et n'avait pas dormi depuis son arrivée à Paris. Harassé par deux jours de fatigues, de courses à cheval, le visage souffrant, les habits déchirés, ce courageux représentant se jette au-devant de la foule qui déjà débordait dans la salle. Il harangue le peuple, lui présente sa poitrine nue, le conjure de ne pas violer la représentation nationale, et se jette par terre pour barrer le passage de la porte. On passe sur son corps, la salle est forcée. Alors Féraud se relève, se précipite vers la tribune, en s'arrachant les cheveux, et cherche à couvrir de son corps le président. En ce moment les séditieux lui tirent par-derrière un coup de pistolet : il tombe, et on l'entraîne dans le couloir voisin où on lui tranche la tête.

(*Barthélemy*, *Douze Journées.*)

(14)

« Que le règne des lois commence, disait Féraud à ses assassins, et que ma vie finisse ! à
» ce prix je meurs content. »

(*Histoire de la révolution française*, *publiée en* 1803.)

(15)

Le principal assassin de Féraud, nommé Renaud, serrurier, fut livré au tribunal criminel, condamné à mort, et arraché au supplice par une troupe d'hommes déguisés en femmes, qui le portèrent en triomphe dans le faubourg Saint-Antoine. Cette victoire de la tourbe des anarchistes fut de courte durée. A peine la nouvelle en est-elle répandue dans Paris, que le général Menou, à la tête de 20,000 hommes, presque tous jeunes gens, dirigea sa marche vers le faubourg insurgé, que Dubois-Crancé voulait que l'on bombardât. Les révoltés barricadent la principale rue de ce faubourg ; mais on leur coupe toute communication avec celui de Saint-Marceaux, dont on craignait l'immense population. Les révoltés, cernés de toutes parts, ne pouvant soutenir une longue défense, sont contraints de livrer leurs canons, leurs fusils et même quelques chefs de la rébellion, parmi lesquels s'était distingué un nègre qui commandait les canonniers. Aussitôt une commission militaire jugea les vaincus, et en condamna à mort un grand nombre, entre autre une vingtaine de gendarmes, comme convaincus de s'être réunis aux rebelles.

(16)

Un homme s'approche du président, et lui demande son nom. Boissy se nomme. « Quoi ! s'écrie l'autre avec les plus horribles imprécations, quoi ! tu es ce Boissy qui nous
» a fait mourir de faim cet hiver ! — Je suis Boissy, qui ne vous ai point fait mourir de
» faim cet hiver. J'ai eu le tort au contraire de laisser distribuer trop de pain, vu le mal-
» heur des circonstances. Si alors on l'eût économisé, on en aurait davantage aujourd'hui.
» — Tu es un scélérat ! nous mourons de faim. Je n'ai pas de pain. — Je n'ai pas plus de
» pain que vous. — J'ai une femme et quatre enfans. — J'ai une femme et des enfans.
» — Ah !... Et tu n'as pas de pain ? — Je vous l'ai déjà dit. Si vous voulez vous en
» assurer, allez chez moi, de ma part ; je demeure à tel endroit...... — Ma foi ! tu as
» l'air d'un brave homme. Mets-toi à notre tête. — Je ne le puis pas. Je suis à mon
» poste. — Tant pis ! .... Et tu as une femme et des enfans ? — Oui ! — Et pas de pain ?
» — Pas de pain. — Eh bien, tiens ! en voilà un morceau, porte-le à ta femme..... »
Et en effet, cet homme tire de sa poche un morceau de pain, que Boissy accepte et met dans la sienne. L'entretien continue :
« Dis-moi un peu, je t'en prie, où sont ces scélérats de Fréron et Tallien. Il faut que
» j'aille massacrer ces gueux-là. — Je ne vous le dirai pas. Je l'ignore absolument ; et
» quand je le saurais je ne voudrais pas vous le dire. — Ma foi, tu as l'air d'un brave
» homme, c'est dommage que tu ne veuilles pas te mettre à notre tête. »
C'est ce même homme, nommé Goupillon, porteur d'eau et natif d'Auvergne, qui deux minutes plus tard, sauva la vie au représentant Kervélégan, blessé au bras et au genou, et que Sevin voulait assommer d'un coup de portrait.
Pendant que cette scène se passait, on remarquait sur les marches de la tribune un ouvrier tisserand, appelé Radi, qui, appuyé sur sa pique, paraissait jouir du spectacle affreux qui se passait devant ses yeux. Cet homme était très-méchant et avait eu pour maîtresse la Belle Rose, poissarde. Derrière lui était un malin de la Rapée, qui, avec une bande de tricoteuses, avait envahi le bureau du secrétaire St-Martin de l'Ardèche.
Boissy, rentrant chez lui, à cinq heures du matin, n'entretien son épouse que de ce fait, et lui remet fidèlement le morceau de pain de Goupillon. C'est d'une autre personne que celle-ci a dû apprendre quels dangers incalculables son mari a courus, quelle fatigue il a essuyée, ayant tenu le fauteuil depuis une heure jusqu'à neuf, et l'ayant repris lorsque la Convention a été délivrée, jusqu'à la fin de la séance.
Il faudrait la plume de Plutarque, pour retracer un pareil trait avec les couleurs qu'il mérite.

(17)

On dit que dans cette confusion universelle , Boissy méconnut la tête de son collègue , et crut que c'était celle du général Fox, à qui , peu d'instans auparavant, il avait donné un *ordre signé* de repousser la force par la force. Il dut , à cet aspect, regarder sa perte comme infaillible , puisqu'un pareil ordre devenait son arrêt ; et cette certitude n'altéra point son courage.

(18)

On devine aisément à quel point la chaleur et la poussière devaient être incommodes dans l'intérieur de la salle. Boissy témoigne en être violemment affecté. « Sors et vas » prendre un peu l'air, » lui dit un homme placé à côté de lui. « Non, répond Boissy, » je suis à mon poste ; je ne veux point le quitter. — Je ne vous le conseillerai pas , dit » alors un jeune homme mis très-proprement, qui participait d'une manière active à la » révolte, quand vous le voudriez vous ne le pourriez pas. —Pourquoi ? — Avant d'être » au bout de la salle, vous seriez massacré. — Citoyen, reprend Boissy, vous ne me pa» raissez pas trop aimer la république. — Il ne s'agit point de mon opinion; mais sû» rement , la liberté ne vaut pas cinq ans de révolution ! » On suppose que c'est le même jeune homme qui, se penchant à l'oreille de Boissy, pendant que la tête de Féraud lui était présentée : « Eh ! bien, citoyen président, que penses-tu de la républi» que ? »

(19)

On sait que Boissy a été mis en joue, à différentes reprises, par un grand nombre d'individus ; et qu'on lui a crié plusieurs fois : « A bas le président ! » Voici un fait non moins connu et non moins certain :

Une femme des rassemblemens, nommée Jeanne d'Arc, d'un caractère plus féroce que la Terwagne, et non moins belle, s'est dénoncée elle-même, comme ayant assassiné le représentant Féraud. Les informations ont prouvé qu'elle avait seulement donné un coup de couteau à son cadavre. Interrogée sur les motifs de cet aveu mensonger, elle a répondu : « C'est que je voulais en finir. »

Elle a ensuite manifesté le dessein d'assassiner Boissy-d'Anglas, et le regret de n'avoir pu le faire dans la salle de la Convention. Ce représentant, étant entré au comité de sûreté générale, elle l'a parfaitement reconnu pour celui que , dit-elle, *elle a promis de tuer.* Après avoir donné des renseignemens très-clairs sur la demeure de Boissy, la forme de sa porte, les personnes commises à la garder : « Je me suis présentée chez toi à sept » heures du matin, lui a-t-elle dit ; un enfant, c'est sans doute le tien, m'a ouvert, et » m'a fait parler à une femme que je crois ton épouse. Heureusement pour toi tu dor» mais. Car mon coup était infaillible ; je voulais te présenter une lettre, et dans l'ins» tant où tu l'aurais lue, te poignarder. — Mais, lui a dit Boissy, vous ai-je jamais rien » fait...? — Non , mais j'ai promis de te tuer. — Je ne crois pas avoir jamais fait de mal à » personne. — Non! je sais que tu es des bons. — Et pourquoi vouloir me tuer? — Oh ! » les mauvais s'égorgent entre eux ; il faut expédier les bons. »

Boissy s'étant retiré, l'on demande à cette femme si elle veut encore le tuer. « Oui ! je » l'ai promis, et je l'aurais fait tout-à-l'heure, à l'instant même, si j'avais eu un couteau. » Il a été impossible de pénétrer pourquoi et à qui elle a fait une promesse aussi atroce.

Cette femme est maintenant à la Conciergerie; elle n'est point folle comme on pourrait le penser. Mais on observe que son père et sa mère ont cessé de vivre avec elle, parce qu'ils ont failli deux ou trois fois être assassinés de sa main.

(20)

« Bon! disait Renaud , en voyant la tête de Féraud, bon!... mais ce n'est pas seulement » celle-là qu'il nous faut. J'espère bien porter au bout de ma pique, celle de Fréron. »

« Comme ils se sont enfuis! disait un autre en sortant de la salle, il n'y a que ceux de » la Montagne qui soient restés ; ils savent bien qu'ils n'ont rien à craindre... Ce n'est pas » ici le 12 germinal.... nous allons expédier les hommes du 9 thermidor. »

Je rapporte littéralement ce que j'ai entendu. J'ajouterai que les noms proscriptifs de *muscadins*, de *jeunesse dorée*, etc. étaient dans la bouche de ces mêmes hommes suivis des menaces les plus affreuses. Un d'eux, ex-membre d'un comité révolutionnaire, a dit confidentiellement, « qu'on ne devait laisser en vie que des hommes mariés, encore d'un » certain âge. »

(21)

Il n'y eût pas eu de difficulté , quand même il ne se serait trouvé dans le nombre des factieux aucun ex-président. Albitte avait imaginé un moyen pour remédier à l'absence des secrétaires; c'était d'appeler au bureau les représentans qui avaient été près des armées, ce qui a été exécuté par lui-même et par Goujon. Un moyen semblable eût empêché le fauteuil de rester vacant.

(22)

Il est essentiel d'observer que ces hommes disaient ensuite à Boissy, que la patrie ne pouvait être sauvée que par un seul homme ; qu'il fallait nommer un tribun du peuple.

(23)

Il est certain que les députés conspirateurs ont souvent redouté leurs propres agens. Plusieurs ont cherché long-temps à prendre la parole, sans pouvoir imposer silence à la foule, dont ils mendiaient l'approbation. Ils avaient entendu un homme, prié de faire place sur les bancs à des députés, répondre insolemment : « Nous n'en avons pas be- » soin ; nous ferons nous-mêmes la Convention. » Enfin, lorsqu'ils sont parvenus à délibérer, les seditieux les interrompaient avec mépris à chaque instant, et ne cessaient de leur répéter cette demande d'*une municipalité*, que les députés ont toujours feint de ne pas entendre, pour n'être point obligés de la convertir en motion.

(24)

On peut croire que ce dernier motif était le véritable, d'après la scrupuleuse exactitude avec laquelle les révoltés exécutaient un article de leur manifeste, portant que « les re- » présentans du peuple devant être à leur poste, ceux qui seraient trouvés dans les rues » seraient ramenés au sein de la Convention. »

Sergent s'était retiré, soit qu'il voulût juger par ses yeux du triomphe de ses amis, soit qu'il crût plus sûr d'être à l'abri de toute méprise. Je l'ai vu ramener, pâle, et s'efforçant en vain de s'excuser. Il mourait d'effroi. Il eût dû mourir de honte, en se voyant ainsi le jouet des vils instrumens de son propre parti.

(25)

Pautrizel, député de la Guadeloupe, « pour couronner dans cette heureuse journée » le glorieux triomphe du *peuple*, et prouver que les rassemblemens ne sont point » composés de buveurs de sang, » demande l'abolition de la peine de mort. Des *non! non!* suivis de longs murmures, lui ont appris à mieux connaître ceux qu'il appelait *le peuple*, et qui étaient les vrais ennemis du peuple. Alors, il a excepté de sa proposition les émigrés, les fabricateurs de faux assignats, les traîtres, les conspirateurs, etc. Une voix a ajouté : *Les assassins!* Il était difficile de prononcer là-dessus au milieu des brigands qui venaient de massacrer Féraud. La proposition n'a pas eu de suite.

(26)

« Je ne veux pas, dit Bourbotte en appuyant ces propositions, je ne veux pas être en- » voyé au château de Ham... » Goujon et Soubrany disaient que c'était le moyen d'empê- cher cette journée d'avoir la même issue que le 12 germinal.

(27)

Un rassemblement ne se prolongera jamais bien avant dans la nuit, si l'on n'emploie des moyens extraordinaires pour le maintenir. Il sera peu à peu dissous par la fatigue, et surtout par l'habitude de prendre à une certaine heure du repos et de la nourriture. C'est ce qu'on observe à Paris, et ce qu'y observait il y a plus d'un siècle, l'homme qui a le mieux étudié les mouvemens populaires, le cardinal de Retz. Invité par la cour à dissiper les rassemblemens, le premier jour des barricades de la Fronde : « Je n'y eus pas beaucoup de » peine, dit-il, parce que l'heure du souper approchait. Cette circonstance vous paraîtra » ridicule, mais elle est fondée ; et j'ai observé qu'à Paris, dans les commotions populaires, » les plus échauffés ne veulent pas ce qu'ils appellent se *désheurer*. »

(28)

Les scélérats subalternes avaient déjà indiqué cette mesure, en demandant, dès le début de leur triomphe, l'appel nominal, afin de mettre hors la loi tous ceux qui ne répondraient point. Ils ont souvent réitéré cette demande, et ne dissimulaient pas dans quelle intention elle était faite. Ils suivaient ainsi l'impulsion des chefs, qui, dans ce cas comme dans tout le reste, n'ont osé les seconder.

(29)

On accuse Gaston d'avoir partagé les cris de victoire. Il a nié le fait. Mais ce dont il ne peut se disculper, c'est d'avoir demandé la parole en faveur de Duroy, lorsque la Conven- tion a fait justice de ce traître.

(3o)

Bourbotte, Prieur (de la Marne), Romme, Goujon , Lecarpentier , Pinet aîné , Borde, Fayau , Rhull , Duroy , l'un des quatre dictateurs, et qui , après le triomphe de la Convention , est allé se placer à droite , espérant que cette plate simagrée lui réussirait comme au 12 germinal.

Soubrany, ci-devant marquis, celui que les rebelles voulaient nommer général de la force armée de Paris.

Peyssard, ci-devant noble , et garde-du-corps de Louis XVI , complice de Lebas et de Robespierre.

Albitte aîné, l'un des dévastateurs de Lyon ; il a indiqué le moyen de remplir le bureau vacant par la fuite des secrétaires, et s'y est placé lui-même. Après l'infâme délibération des traîtres, il exhortait Vernier à prêcher l'union et la paix, afin que l'on ne pût dire que *les décrets n'étaient point l'ouvrage de la Convention.*

Duquesnoy enfin, qui à l'instant où l'on portait la tête de Féraud, remarquait avec joie, et montrait en riant, que les loges des journalistes étaient presque désertes. Duquesnoy avait ses raisons pour n'aimer pas les journalistes, comme certaines gens pour ne point aimer les réverbères.

(31)

Dans un seul bataillon , l'on a compté plus de trois cents chapeaux sur lesquels les mots, *Du pain et la constitution de* 1793, étaient écrits avec de la craie, d'un très-beau caractère , *et toujours de la même main.* Plusieurs observateurs en ont fait la remarque.

(32)

Le capitaine des canonniers de Popincourt était nègre, et se nommait Delorme. Ceux qui l'ont connu en 1789, lui eussent alors rendu un témoignage favorable. Bègue et borné, il sentait son incapacité, et se tenait à sa place, ce qui est beaucoup dans un temps de révolution.

Mais, à l'époque de septembre 1792, les émissaires de Marat et de Robespierre, répandus dans cette section comme dans toutes les autres, sont parvenus à l'égarer. La violence de son caractère et l'étendue de ses moyens physiques lui donnaient sur beaucoup d'individus un ascendant désastreux.

Lorsqu'il s'est vu arrêté, il s'est emporté avec fureur contre les canonniers de sa compagnie, qui l'avaient empêché de mettre le feu à un canon braqué sur la Convention. « Si » vous m'aviez laissé faire, lâches, nous ne serions pas comme nous sommes. »

Cet homme, d'une force prodigieuse, avait habituellement deux ou trois femmes, vivant et logeant avec lui. Il savait, par sa sévérité, entretenir la paix dans ce singulier ménage, et s'y faire rendre les mêmes attentions que pourrait exiger une jolie femme d'une cour nombreuse d'adorateurs.

Il a subi la peine de mort, le 5 prairial, en vertu d'un jugement de la commission militaire.

(33)

Romme, Soubrany, Duquesnoy, Goujon, Duroy et Bourbotte prirent une part active dans cette insurrection populaire , avec d'autres députés montagnards. Quand le calme fut rétabli dans la Convention, des décrets d'accusation furent lancés contre un grand nombre de représentans ; ils furent jugés et condamnés à des peines sévères. Une commission militaire fut instituée pour juger les six dont les noms figurent dans cette *journée* (premier prairial.)   (*Barthélemy ; Douze Journées.*)

(34)

Les six députés furent condamnés à mort le 26 prairial an III (14 juin 1795), après une défense pendant laquelle ils montrèrent autant de présence d'esprit que de courage. A peine venaient-ils d'être ramenés dans la salle où ils étaient déposés en attendant le moment du supplice, que l'un d'eux se frappa d'un couteau qu'il avait soustrait aux regards de ses surveillans. Il tomba mort. Un autre se saisit du même couteau, se frappa, et tomba près de lui ; le troisième imita leur courage, et mourut comme eux. Le quatrième, le cinquième, le sixième se frappèrent presque dans un même instant ; mais ils furent moins heureux, car ils respiraient encore lorsque l'exécuteur arriva. Les trois premiers n'étaient plus ; les autres étaient expirans ; Bourbotte fut du nombre de ces derniers : nous avons vu les uns déjà morts ; nous avons suivi les autres jusqu'à l'échafaud ; Bourbotte y monta le dernier. Une circonstance prolongea son supplice et le rendit plus affreux ; l'exécuteur,

15

au moment où la tête de Soubrany venait de tomber, avait oublié de relever la hache; il ne s'en aperçut que lorsque Bourbotte, étendu sur la fatale planche, fut poussé contre le fer. Il fallut le relever jusqu'à ce que l'instrument de mort eût été suspendu de nouveau; ses traits n'étaient point altérés; le sourire était sur ses lèvres; il prononça quelques mots que le bruit de la foule rassemblée au pied de l'échafaud ne permit pas d'entendre, et fut frappé au même instant. Jamais, dans une situation plus terrible, on n'a montré un plus sublime courage que ces victimes du fanatisme révolutionnaire.

(Biographie des Contemporains.)

(35)

Chénier se montra toujours digne du caractère dont il était revêtu. Le premier prairial, il amena lui-même dans la salle de la Convention un détachement de citoyens armés pour la défendre, et fit décréter, peu de jours après, que des honneurs funèbres seraient rendus à la mémoire du député Féraud, assassiné dans cette journée. Sincèrement dévoué à la cause de la république, Chénier ne s'éleva pas contre les crimes de la réaction et la terreur royale, avec moins d'énergie qu'il ne l'avait fait contre ceux de la tyrannie des décemvirs. *(Ibid.)*

(36)

Germain est né à Gimeaux; il étudia les mathématiques et la physique sous Romme, son maître, qui, élu député, l'amena à Paris. Ce jeune homme était très-exalté et un des grands partisans du système qui a perdu Soubrany, Duroy, etc.

Ce même jeune homme est, dit-on, un de ceux qui sauvèrent Romme, et qui parvinrent à le transporter hors de France. *(Ibid.)*

(37)

C'est cet homme qui, dans l'Assemblée, criait à J. Chénier : Allez-vous-en tous, tas de j... f....., nous allons former la Convention nous-mêmes. Chénier lui répondit que sa place était là, et qu'il y périrait s'il le fallait.

Binel disait le 2 prairial au matin : « Nous verrons aujourd'hui si cela finira comme » hier.... je n'ai plus qu'*une pièce et demie de vin* dans ma cave; mais c'est égal : je » compte bien tout donner aujourd'hui, pour que ç'a aille. »

(38)

Ce député jouissait d'une très-grande considération; il avait l'estime de tous ses collègues. La postérité n'a pu s'empêcher de répéter ce qu'il disait lui-même : « qu'étranger » à tous les partis, ennemi de toutes les factions, ses mains furent toujours aussi pures » que son cœur. »

(Biographie des Contemporains.)

(39)

Romme avait des talens, une grande instruction, travaillait beaucoup; c'est lui qui fit abolir le calendrier grégorien. Toujours placé vers le sommet de la Montagne, Romme ne s'est cependant jamais fait remarquer par des discours sanguinaires, ou par une conduite cruelle pendant ses missions. Ce ne fut que plusieurs mois après la chûte des décemvirs qu'il s'identifia en quelque sorte avec les tyrans, en se mettant à la tête des brigands qui, l'ayant proclamé président dans la journée du premier prairial an 3, avait excité contre la Convention l'insurrection dont le but était de rétablir la terreur. Décrété d'arrestation dans la séance de nuit qui suivit cette journée, et d'accusation le lendemain, Romme fut livré à une commission militaire, séante à l'ancien hôtel de la mairie de Paris, rue des Capucines, et condamné à mort, le 26 prairial an 3 (14 juin 1795), avec ses collègues Soubrany, Duquesnoy, Goujon, Duroy et Bourbotte. Ramené dans la chambre de dépôt, jusqu'au moment du supplice, il se frappa d'un couteau, tomba du coup, et parvint ainsi à se soustraire à l'échafaud.

Romme avait été cultivateur à Gimeaux, ensuite il professa avec succès les mathématiques et la physique.

(Ibid.)

(40)

Allaigre était un des plus féroces de la bande infernale; il était toujours ivre. Sa joie était extraordinaire après le massacre de Féraud; on l'entendit dire à la Belair : «Hein! » je n'aurai de joie et de plaisir que lorsque le dernier cœur de ces lâches-là sera aussi » bien traversé que la tête de ce f..... Féraud ». Allaigre était l'ami intime du tisserand Radi, un des plus cruels terroristes.

(Ibid.)

16

(41)

Vernier partagea avec Boissy-d'Anglas tous les dangers de la journée du premier prairial, pendant laquelle il présida ; il montra dans cette grave circonstance un courage et
une fermeté qu'ont eût pas dû attendre d'un vieillard. Vernier était alors âgé de 6o et
quelques années.

(*Ibid.*)

(42)

André Dumont présida l'Assemblée par intervalles avec Boissy et Vernier pendant la journée du 1 prairial, et se conduisit avec beaucoup de vigueur dans cette circonstance importante, où tant de dangers menaçaient la tête des députés qui, restés fidèles à leurs devoirs,
étaient décidé à sacrifier leur vie pour prévenir le retour de la terreur. Sorti du conseil des
cinq cents en 1797, André Dumont fut nommé, après le 18 brumaire, sous-préfet à Abbeville, où il s'efforça de faire oublier ses anciens torts, par une administration sage. Resté
dans cette place jusqu'à l'époque de la restauration, il la perdit alors, et fut nommé, après
le 20 mars, à la préfecture du Pas-de-Calais. Demeuré sans fonctions lors du second
rétablissement des Bourbons, la loi du 12 janvier 1816 la forcé de quitter l'a France.

(*Ibid.*)

(43)

Kervélégan n'était pas orateur, mais il était un des plus braves de la Convention ; il eut
avec ses collègues plusieurs altercations, entre autres, avec Mirabaud, contre lequel il se
battit au pistolet.

Kervélégan, attaché aux principes d'ordre et de justice, s'unit étroitement au parti de la
Gironde, et dénonça, en 1792, la feuille incendiaire de Marat.

Déclaré hors la loi, il réussit à se soustraite à la mort. Plus tard, rentré dans le sein
de la Convention, il devint membre du comité de sûreté générale.

Ce député montra le plus grand courage lors de l'insurrection du premier prairial, où il
fut grièvement blessé au genou et à l'épaule.

Un nommé Sevin, renommé pour son atrocité, ayant remarqué son courage et son audace
dans le salon de la Liberté, jura de tuer Kervélégan ; à cet effet il s'introduisit dans la salle,
et l'ayant aperçu, il courut sur lui armé d'un large portrait et suivi d'un chien énorme.
Kervélégan eût sans doute été massacré si un porteur d'eau, nommé Goupillon, homme
d'une très-grande force, n'eût en retenant le bras de Sevin, donné à Kervélégan le temps
de fuir.

(*Biographie des Contemporains.*)

(44)

Lors des insurrections du premier avril et du 19 mai 1795, Legendre montra un courage et une activité infatigables, marcha plusieurs fois à la tête des troupes qui délivrèrent la Convention, et contribua à son triomphe. En mourant il légua son corps à la
faculté de médecine, « afin, dit-il dans son testament, d'être utile aux hommes même
après sa mort.

(*Ibid.*)

(45)

Clauzel est un conventionnel qui, au commencement de la séance de la journée du
premier prairial, découvrit sa poitrine aux citoyens des tribunes, en s'écriant : « Ceux
« qui nous remplaceront, en marchant sur nos cadavres, ne travailleront pas avec plus
« de zèle au salut du peuple. Citoyens, songez-y bien, les chefs du mouvement seront
« punis, et le soleil ne se couchera pas sur leurs forfaits. »

C'est Clauzel qui, vers les onze heures du soir, fit décréter la formation immédiate
d'une commission militaire pour juger tous ceux qui avaient pris part à l'insurrection.

(*Ibid.*)